LECTOGRAPHIE

PRIX **2** FRANCS
5o centimes.

Bar-le-Duc.
Lithographie de Numa Rolin,
Imprimeur de la Préfecture,
Éditeur.
1846.

i i i i i i i i i i i i i i

u u u u u u u u u u u u u

i u i u i i u i u u

o o o o o o o o o o o o

a a a a a a a a a a a a a a

o a u o o a a o o a a o

a à ǎ i o u a o u i i à

e e e e e e é é é é é

è è è è è è ê ê ê ê ê

a e é ê i o u ă ĕ ŏ ŭ ĩ

1 2 3 4 5 6 7 8 9 0.

Lith. Th..... Robin, à ...   par Guillot, Instr   Déposé.
1847

a e é è i o u

n na ne né nè ni no nu.

né, nu, âne, noé, ananie a nié

m ma me mé mè mi mo mu

âme, ami, ma, mu, momie, amé.

noémi a une monomanie à nu.

r ra re ré rè ri ro ru. i

rare, ré, rire, rue, rêne, rome, i

remi ramènera urie. réné rira.

v va ve vé vè vi vo vu.

vive, vue, varié, vomi, ravivé.

ève va à vérone. mérovée a rêvé.

s sa se sé sè si so su.

si, su, sa, se, sève, sévri, sonore.

séverine a su si sa mère a vu.

t ta te té tè ti to tu.

tête, tâté, lite, tué, tôme, tété.

ta mère a tu la sévérité à tite.

10, 11, 12, 13, 14, 15, 16, 17, 18, 19.

par Guillé, Instr.   Déposé.

Lectographie.

a e é è i o u

b ba be bé bè bi bo bu.

béni, bâti, bu, robe, bobine, bête.

d da de dé dè di do du.

dé, de, dire, date, dôme, dure.

madame a dîné à midi du rôti

l la le lé lè li lo lu.

amélie a lôti la mie vêtu le nu.

mélanie a lu le rôle, a lié le lé.

j ja je jé jè ji jo ju.

jérôme a la jolie jale, une jujube.

je le jure, j'imite la vie de jérémie.

p pa pe pé pè pi po pu.

le pape pie réputé, le pirate périra.

le père de la petite apoline punira.

f fa fe fé fè fi fo fu.

folie, filé, fade, futile, parafe fée.

le fidèle favori a vu la fête finie.

20, 21, 22, 23, 24, 25, 26, 27, 28, 29.

par Guillô, inst.r

eu   ou   an   in   on   un   oi

b beu bou ban bin bon bun boi.

laboure un bon ban, sabin boira.

d deu dou dan din don dun doi.

don, dun, sedan, doive doute, deu.

sidoine a dîné d'un bon dindon d'eu.

f feu fou fan fin fon fun foi.

fou, fin, feu, fonte, fantôme, défunte.

à la fin de la vie, la foi vivifie.

j jeu jou jan jin jon jun joi.

jante, j'intime, jeu, donjon, anjou.

j'invite à la joie, joue le jeudi.

l leu lou lan lin lon lun loi.

lan, lin, loue, leu, foulon, lundi.

éloi a un melon de melun, un milan.

m meu mou man min mon mun moi.

mon, moi, maman m'invite, moule.

monte une meule à mon moulin.

30, 31, 32, 33, 34, 35, 36, 37, 38, 39.

Lith. Thma Robin, à Bar.   par Guillet, Inst.   déposé.

eu   ou   an   in   on   un   oi.

n neu nou nan nin   non nun noi.

non, noue, neuve, venin, noire, nante.

p peu pou pan pin pon pun poi.

pin, pou, pan, peu, poire, réponse.

pantaléon a un lapin, une poule.

r reu rou ran rin ron run roi.

roue, roi, burin, ronde, mourante.

le roi va à turin, à oran, oléron.

s seu sou san sin son sun soi.

sou, sun, soi, santé, sindon, sonde.

la soierie seule a soutenu son mérite.

t teu tou tan tin ton tun toi.

teuton, ta tante de toute te tutoie.

antoine a un mouton un pantin.

v veu vou van vin von vun voi.

aveu, voie, savon, voûte, vanté.

la veuve a voulu une voiture de vin.

40, 41, 42, 43, 44, 45, 46, 47, 48, 49.

par Guillet, Instr.

Lectographie.

a e i o u eu ou an in on un oi

que qua qué qui quo queu quan quin quoi.

monique, qui a quêté, a sa quotité d'une bonne

quantité, quoi qu'on donne peu de qualité.

c ca qué qui co cu cou can con cun coi.

caroline se coupe, étudie un cantique, raconte!

pacôme a une cure, une école, une coupole.

k, ka ké ki ko ku kou kan kin kun koi.

écoute le kan de nankin, le kali de kéilin.

quiconque se moque sera moqué. va

h ha hé hi ho hu heu hou han hon hun.

hante le bon hâte-toi. hume. holà. houe

le hère a la honte, tue le hibou, héron hé!

ch. cha ché chi cho chu chou chan chon choi.

le riche, qui a la charité, rachète le péché. la

chute, la machine chôme, chante le bouchon.

f, de même: ph, pha phé phi pho phu phan phin.

euphémie chante, touche du mélophone, du

sophie a un séraphin, un phalène, un phoque.

le pharaon philomatique a caché le photophore.

50, 51, 52, 53, 54, 55, 56, 57, 58, 59.

Lith. Xxxx Rahn. à Par.   par Guillot, Insr.   Déposé.

Lectographie.

a é i o u eu ai ou an in on un oi

que ga gué gui go gu gou gan gon goi

le guide s'égare. la guêpe pique la figue.

ramène à la gondole le goujon du gué.

cure la rigole. lave ta figure gante-toi.

gne gna gné gni gno gnu gnan gnon.

agnan a signé, a signalé le vigneron.

signifie la rognure du pignon à la ligne.

ge gea gé gi geo geu gean gin geon geoi

le juge jugea la légèreté de l'élève de géologie.

eugène mangea un pigeon à la geôle. gage.

ce, ç. ça ce ci ço çu ceu çan cin çon çoi.

cécile a reçu sa leçon. félicité sera agaçante,

lucie sera la cinquième. côme a la façade.

le pinçon chante. la mouche suça, a sucé.

mange la cigogne. ignace mène le bagage.

on ne se soucie guère d'un régime rigide.

x. xa xé xi xo xu xeu xan xin xon.

on fixa à xantipe, maximin le saxon boxé.

z. za zé zi zo zu zeu zan zin zon.

zélie, zoé, zizanie, zèle, gazon, zoologie.

Lith. Hermann Robin, à Bar. par Guillet, Instr. Déposé.

Lectographie.

a é i o u eu ou an in on un oi.

bl. blu blé bli blo bleu blan blin blon bloi blou.

br. bra bré bri bro bru breu bran brin broi brou.

abreuve l'âne brun. broie le sablon bleu. blute. blan.

abrite le brave. brûle le brin de blé; le breu. la bru.

cl. cla clé cli clo clou clan clin clon cloi clu cleu.

cr. cra cré cri cro cru crou cran crin croi creu.

crépin a cru, croira. cloue! crache. crie. écroue. écran.

coule la croche, sonne la cloche; évite le crime. réclame.

bruno a oublié le crin; l'écran brodé. clignote. brave.

blanche lave la cravate, bouche le cloaque. la cruche

dr. dra dré dri dro dru dreu dran drin droi.

andré a un cadran à droite. landri une draperie.

fl. fla flé fli flo flu fleu flan flon floi flou.

fr. fra fré fri fro fru frou fran frin froi. fron.

flavie a franchi le fleuve. leufroi a la flûte de flore.

mon frère a flanqué le fronton fragile, frire; friche, froue.

gl. gla glé gli glo glu glou glan glon gloi gleu glan.

gr. gra gré gri gro gru grou gran gron greu groi

aglaé a grondé grégoire qui glue le globule. groupe.

la grande glandée a été grêlée le cochon grogne agrée.

maygloire a une grive, une grue, un gradin, une grange.

60 61 62 63 64 65 66 67 68 69.

Lectographie.

a é i o u eu - ou un in on oi.

pl. pla plé pli plo plu pleu plan plon ploi.

pr. pra pré pri pro pru preu prou prin pron proi.

prie, plie, proie, preuve, prépare ta plante. principe.

prouve le problème. la plume souple ploie. pleuve, plu.

tr. tra tré tri tro tru trou tran trin tron troi treu trun.

le tribun titré, détrôné, trouble la trève. tranche le citron.

le pétrin troué, la travée étroite. trituré. trône. transi.

st. sta sté sti sto stu steu stou stan ston stin stoi.

le stupide eustache a un piston, une stance, une pistole.

le stère sera stable. la liste stimule. gaston posté, store.

sp. spa spé spi spo span spin spon splé speu spu.

spire, spolié, spéciale, spontanée, spasme, crispin, spatule.

str. stra stré stri stro stran strin stron streu strou.

strabisme, cadastré, strié, plastron, strophe, apostrophe.

vr. vra vré vri vro vreu vran vrin vron vru vroi.

l'ouvrière a recouvré l'ouvrage. chevrotine. chevron. navrante.

Alphabet.

a b c d e f g h i j k l m n o p q r s t u v x y z

A B C D E F G H I J K L M N

O P Q R S T U V W X Y Z.

70 71 72 73 74 75 76 77 78 79.

par Guillet, Inst.

LECTOGRAPHIE.

Sous composés.

b   c   d   f   l   p   r   s   t   x

a   ab   ac   ad   af   al   ap   ar   as   at   ax

Abdon admire son aptitude, arsène aspire, active.

è   èb   èc   èd   èf   èl   èp   èr   ès   èt   èx

Edme, ermite, estime, exalte, abdique, ellébore, espère.

i   ib   ic   id   if   il   ip   ir   is   it   ix

Ismaël a un if il irrite alpin son frère, exclu.

o   ob   oc   od   of   ol   op   or   os   ot   ox

Octave orne, obvie, opte, offre, ossifie, octroie, optique.

u   ub   uc   ud   uf   ul   up   ur   us   ut   ux

Ursuline a un ulcère, une urne, elle dira : ut, ré, mi, fa.

ac ec al el il ol ul, ar er ir or ur eur our oir.

B bac bec bal bel bil bol bar ber bor beur bour.

Barbe a une belle berline bordée, un bac, un bal, un bol.

C cal quel qu'il col cul, car cor cur queur cour.

Sache le calcul. Quel col qu'il s'écarte de la cour, du cor.

D dac, dal del dil dol dar der dor dur deur doir

Le dévideur a un dévidoir, il a dormi, dardé, dicté le dol.

F fac, fal, fil, fol, ful, far, fer, fir, for, fur, feur, four.

Firmin ferme le four, forme la fleur, le falbala de fil, fol.

G. gal guil gol, gar guer guir gor gur gueur gour.

Garde le golfe, la gourde, la guirlande du grec, rigueur.

H. hac, hal hel hol, har her hir hor hur heur hour.

La cohorte fera halte. La herse a heurté le hourdage.

80, 81, 82, 83, 84, 85, 86, 87, 88, 89.

par Guillé, Inst.ͬ

LECTOGRAPHIE.

ac cc, al el il ol ul, ar er ir or ur cur our oir.

J, g jac, jal jil, jar gor jir jor geur jour geoir, jec.

J'ordonne, j'allègue, j'irrigue mon jardin, bougeoir, nageoir.

L, lac lec luc, lal lar ler lir lor lur leur lour loir lil.

Luc, l'ermite, larmoie, valoir. se salir. Leur lecture, l'urne.

M, mal mil mol mul, mar mer mor mur meur moir. mel.

Martin a mal, omer l'a mordu. Dormeur, fermoir, mur, mil.

N, nal nel nil nul, nar ner nor neur nour noir nir.

Mineur, tribunal, nul, le noir du nil, le criminel. narré.

P, pac, pec, pal, pel, pol, par per por pur peur pour.

Pol porte le pardon, la palme, pour la pur sapeur. personne.

R, rac rec, ral rel ril, rol, rer rir reur roir res.

L'amiral respecte le caractère naturel du laboureur. mir.

S, sac sec, sal sel sil sol seul, sar ser sor sur sour soir.

Serre un sac de sel, de salpêtre sec, sur le sol. sarcle.

Le sultan sortira le soir, s'il s'arme. anselme solfie. soc, suc.

Çe, çal çel çil, çol œul, çar cer cir çor ceur çoir.

Celle-ci, circonstance, linceul, cerné, perceur, suçoir, cil.

T, tac, tul tel til tol tul, tar ter tir tor teur tour toir.

Vital, amateur de tarte, tourne à castel, à bristol, à toul.

Paterne, le bon cultivateur récoltera vivra de son labeur.

V, vec, val vel vil vol vul, var ver vir vor veur vour.

Un cheval traverse le var, à ravir. Le vil buveur! voir le.

Ch. chec, chal, chel, chil, char, cher chir cheur choir. chol.

Michel a un char. Fléchir le pêcheur, maréchal, séchoir, cher.

Gn. gnac, gnal, gnol, gnar gner gneur gnoir, gneul.

Espagnol, signal, poignardé, rogneur, épagneul, signer à.

90, 91, 92, 93, 94, 95, 96, 97, 98, 99.

Lith. Marie Robin, à Tou.   par Guillet, Inst.^r   Déposé.

Lectographie.

Signes de Sons équivalents.

a, de même: at. Légat, prélat, avocat, chat, rat, ducat. Il bat.

â, de même: as, ât, ast. Un bas, un cas, un pas, un bât, débats, suças.

e, de même: es, ent. Dites, tu chantes, quatre élèves écrivent.

cinq étudient. Onze modèles, quarante plumes se perdent, se gâtent.

é, de même: és, er, ez, ers. Levés, liés, brûlés; danser, toucher, parler.

signez, riez, portez, ôtez; quatre clochers, bouchers, un rocher.

è, de même: ès, et, es, est, els; ai, ail, aid, aient, ei, ey, eh! aids.

La reine est très charitable, le Français le reconnait. Je plais.

i, de même: is, it, its, id, ids, ix, y. Nourris les petits perdrix.

Le myriamètre égale dix kilomètres. Respecte les nids. six prix.

o, de même: au, eau, aud, aut, ost, aux, eaux, auds, auts, chaud, saut.

Nos maux se payent...... le sac au dos et des sabots. Oh! les sots!

Les nouveaux bédeaux portent de hauts chapeaux, vos fourreaux.

u, de même: us, ut, uts, ux. Les tribus paient le tribut, évitez le flux.

Mus par le début. Les cadeaux que tu as reçus, étaient superflus.

eu, de même: eux, œu, œux, eus. Les deux neveux aiment les jeux,

les vœux, les bas bleus. Heureux ceux qui pleurent, qui jeûnent.

ou, de même: ous, out, outs, oux. Aimez-vous le goût des choux?

Avez-vous vu des marabouts, des filous, des coucous, des sous?

an, de même: anc, ancs, ans, ant, am, amp, ean, en, em, ent, emps.

Valentin et Florent sont obéissants, grands, prudents. Jambe.

in, de même: ain, ains, aint, aints, ein, im, eint, ym, yn, aim?

Le saint des saints a multiplié les pains. Aime ton prochain. crains.

on, de même: om, omb, ond, onc, ons, onts. Nous calculons, nous étudions.

Nous fondrons du plomb au fond de la pompe, fonts, jonc, fonds.

oi, de même: ois, oit, oix, oy. Vois les putois sur les toits de bois.

100, 101, 102, 103, 104, 105, 106, 107, 108, 109.

par Guillet, Insr

Lith. Veuve Rolin, à Par.

Lectographie.

Diphtongues.

ia. Diable. Fiacre paria une piastre, charria un acacia, se maria.

ié, ier, iez. L'aumônier a édifié l'aliéné; dédié la chapelle à didier.

iè, iai. Pierre dit son bréviaire, boit la bière dans la carrière.

io, iau, yau. Le chat miaule. Prends la fiole, une pioche, un tuyau.

ui, uis, uy. Plante le buis. La pluie ruisselle sur la tuile du puits.

ieu, ieux, yeux. Lève les yeux, aux cieux, prie Dieu, vieux, mieux.

ion, iens. Aime bien le bon Dieu, ne fait rien de mauvais, moyen
d'obtenir ses bienfaits; fuis les païens, chante les antiennes des italiens.

ion, iens. Nous prions, nous chantions, nous réformions les passions,
nous repoussions le mal et pratiquions le bien. Paris a des bastions.

oin, oins. Joins tes mains et prie avec soin; évite le moindre mal,
ne pèche point, ne sois jamais faux témoin; ta fin n'est pas loin.
Dieu nous voit partout, en tous lieux, dans tous les coins. Moins.

ail. bail, corail, caille, paille, volaille, taille, le travail, bétail.
eil. soleil, abeille, pareil, vermeil, merveille, bouteille, treille, vieillard.
ill. brille, vrille, étrille, pille, filleule, anguille, avril, périlleux;
péril; la faucille est meilleure que la bille pour une fille, famille.
euil. dites de même. œil, œil. Fauteuil, seuil, treuil. Il a mal à l'œil.
Recueille les feuilles. Veuille accueillir le deuil. Va à Marœuil.
ouil. Fait bouillir les grenouilles, la citrouille. Mouille, douille.

sie, sia, sié, sien, sion, prononçons de même: tie, tia, tié, tien, tion.
Martial et Donatien ont reçu une bonne éducation: initiés aux
occupations de leur famille; ils portent leur attention, non sur des
minuties, mais vers la perfection, et font ainsi la satisfaction de
leurs parents, qui les traitent sans prédilection ni partialité. Ces
enfants sont essentiellement bons, patients, courageux, intelligents.

110, 111, 115, 117, 120, 125, 130, 140, 143, 147.

Lith. Maison Robin à Bar.   par Guillet, Instr   Déposé

Lectographie.

Sons composés équivalents.

ac, ec, oc, oq, uc, ouc, de même: acs, ecs, ocs, oqs, ucs, oucs.
Emplissez les bucs de sacs de fruits secs, passez les lacs. Employez
les secs, exprimez les sucs. Eloignez les boucs. Les coqs se battent.
al, el, il, ol, ul, eul, de même: als, els, ils, ols, uls, euls.
Les bals et les carnavals sont fatals aux progrès spirituels et
corporels; les ivrognes sont vils: ils se roulent sur les sols; les tempé-
rants seuls peuvent acquérir les biens éternels et même les temporels.

ar, er, or, ur, de même: ards, arts, ers, erts, ords orts, urs.
Le montagnard cultive les arts, évite le fard, attire les regards.
Le transfert de Napoléon s'est opéré à travers les mers en mil
huit cent quarante. les Anglais l'ont apporté à bord du port, et
Monseigneur. le prince de Joinville l'a ramené au bord de la
seine à Paris. Réparons nos torts et nous éviterons les remords.
eur, our, oir, de même: eurs, ourds, ours, oirs. Les joueurs se ruinent.
Nos jours sont courts, nos fardeaux sont lourds et le seront toujours.
Ecartons les abattoirs, fermons les étouffoirs. Les seigneurs.

Alphabet pour l'Ecriture ronde.

a b c d e f g h i j k l m n o p q r s t u v w x y z

A B C D E F G H I J K L M N O P Q
R S T U V W X Y Z.

Alphabet pour l'Ecriture gothique.

a b c d e f g h i j k l m n o p q r s t u v w x y z.

A B C D E F G H I J K L M N O P Q
R S T U V W X Y Z.

Lith. Numa Rolin, à Bar.　　　par Guillet, Inst.r　　　Déposé.

LECTOGRAPHIE.

Remarques sur les Lettres d'après les Auteurs les plus connus.

L'Alphabet est la collection des lettres ou caractères que l'on emploie dans l'écriture ou l'imprimerie.

Le caractère romain, inventé à Venise, en mil quatre cent soixante-un, par un Français, nommé Nicolas Jenson, est généralement employé dans l'imprimerie.

a, b, c, d, e, f, g, h, i, j, k, l, m, n, o, p, q, r, s, t, u, v, x, y, z.

A, B, C, D, E, F, F, H, I, J, K, L, M, N, O, P, Q, R, S, T, U, V, X, Y, Z.

Pour l'écriture, les lettres prennent des formes différentes, selon le genre d'écriture dont on veut faire usage ; les genres d'écriture les plus usités, sont : l'écriture cursive, la ronde et la gothique. On parle encore, mais peu, de la bâtarde et de la coulée.

La Cursive, généralement adoptée en France, se distingue par son élégance et la facilité avec laquelle on l'exécute. Nous l'avons employée dans cette méthode. La Ronde, qui est, dit-on, la plus ancienne des écritures françaises, est perpendiculaire à la ligne sur laquelle on écrit ; elle est aussi large que haute. La Gothique, remise à la mode depuis quelques années, est aussi perpendiculaire ; mais elle se forme de lignes brisées. Nous voyons ces deux dernières dans la feuille précédente.

Les lettres sont de deux sortes : les voyelles et les consonnes. *Les voyelles, qui sont :* a, e, i, o, u, y, *représentent, seules, les sons simples. Elles représentent des sons différents quand elles sont accentuées.*

L'accent aigu é marque l'é fermé : bonté, vérité, vénéré, accéléré.

L'accent grave ` marque l'è ouvert, la préposition à, et l'adverbe où. Où est votre père — à Paris.

L'accent circonflexe ^ marque les voyelles longues â, ê, î, ô, û : âge, fête, gîte, côte, flûte.

Le tréma ¨ est un double point que l'on place sur une voyelle, pour indiquer qu'elle doit se prononcer séparément de la précédente : naïf, Saül, ciguë.

Assemblées deux à deux, ou combinées avec la lettre n, *les voyelles représentent les sons* eu, ou, oi, an, in, on, un.

Les consonnes : b, c, d, f, g, h, j, k, l, m, n, p, q, r, s, t, v, x, z, *forment, avec les voyelles, les sons articulés, les sons composés ou les sons équivalents.*

La voyelle a *ne se prononce pas dans :* bain, faim, pain, sain, vain, août, Saône, taon.

La lettre b *ne se prononce pas à la fin du mot* plomb ; *mais elle se fait entendre dans :* Jacob, Joab, Moab, Oreb. On n'en prononce qu'un dans : abbé, sabbat, rabbin, etc.

C *a le son de* que, *avant* a, o, u, l, n, r, t, z : cabaret, colonne, cuve, clément, cnéius, crédulité, sanctifier, czar. *Avant* e, i, *cette lettre se prononce comme* s : ceci, Cécile. *Avec la cédille* ç, *se prononce aussi comme* s : façade, façon, reçu. *Deux* cc *ne se prononcent qu'avant* e, i, *et le second a le son de* s : accès, succès, *etc. Final, il se prononce dans :* bec, avec, échec, aquéduc, donc, Marc, croc-en-jambes, *etc. ; mais non dans :* estomac, croc, marc, échecs, tabac, jonc, clerc, franc, porc, *etc.*

D *ne se prononce pas à la fin des mots :* chaud, froid, rond, gond, nid, fond, bord, échafaud, crapaud, pied ; *mais il se prononce dans les noms :* Obed, David, Joad, sud, *etc.* D, *final, a le son de* t, *avant un mot commençant par une voyelle ou un h muet :* grand arbre, grand homme, profond abyme, coud-elle ? entend-il ? répond-on ? pied-à-terre, de fond en comble, de pied en cap, quand il viendra. *Excepté quand* d *est précédé de* r *comme dans :* un retard imprévu, un bord escarpé, *où il ne se fait pas entendre.*

E. *Cette voyelle non accentuée à la fin d'une syllabe, se nomme* e muet : Je te le redemande. *L'é fermé, l'è ouvert et l'e muet se trouvent dans le mot :* sévère.

E, ent es, *ne sonnent pas dans :* peintre, feindre, gageai, gageure, jugeons, jeun, je priai, j'eus, tu eus, il eut, j'ai eu, tu chantes, ils boivent, *etc.* Caen *se prononce :* Can.

150, 152, 156, 158, 160, 161, 167, 169, 170, 173, 176, 178, 180, 184, 187, 190, 197, 199.

Typogr. de Numa Rolin, à Bar.   par GUILLET, Instr.   Déposé.

LECTOGRAPHIE.

Remarques sur les Lettres, d'après les Auteurs les plus connus.

OEu *sonne comme eu dans* : œuf, bœuf, œuvre, cœur, mœurs, nœud, sœur. OE *sonne comme é dans* : œcuménique, œdème, œdipe, œsophage, fœtus.

Er, ez *a le même son é dans* : parler, donner, sonnez, partez, boucher, berger, clocher, *etc.* E, *devient è ouvert dans un son composé* : bec, avec, chef, sel, fer, excepté, cercle, *etc.* Est, et, etc, ès, *ont le même son* : aspect, respect, secret, très, progrès, sonnette, *et il est.* En, em, *ont le son de a dans* : hennir, femme, prudemment, éloquemment, *etc.;* — *de an dans* : science, patient, orient, prudent, gingembre, tempe, *etc.* En *sonne comme in, dans* : bien, mien, viens, italien, doyen, examen, mentor.

F *ne se prononce pas à la fin des mots dans* : cerf-volant, chef-d'œuvre, bœuf gras, œuf frais, neuf francs, nerf de bœuf, *excepté dans le dernier mot* : bœuf. *Avant un mot qui commence par une voyelle ou h muet,* f *se prononce comme* v : neuf ans, neuf arbres, neuf hommes ; clef *se prononce* clé.

G, gu, *son* : gue. Gangrène, golfe, guère, guide, gloire, gnomon, agag, joug, augmenter, stagnation, régnicole, inexpugnable, ignée. *L'u se fait entendre dans* : aiguille, aiguillon, aiguiser, arguer, aiguë, inextinguible, *de Guise. Avant* e, i, g *a le son* je : juge, gîte, gagions, pigeon. Gn *a le son* gne, *dit son mouillé, dans* : signe, signer, cigogne, signal, incognito, *etc.* G *ne sonne pas dans* : faubourg, legs, doigt, vingt, étang, signé, *etc.* G *sonne comme k dans* : bourg, *suer* sang *et* eau, *un long* accès, *rang* honorable.

H. *Cette lettre est dite aspirée dans* : halle, héros, cohue, humé, Hainaut, Hongrie, Hollande, Hambourg, *etc. Elle est dite muette dans* : homme, histoire, harmonie, *etc.* Ch *se prononce* che *dans* : archevêque, archiprêtre, chérubin, Machiavel, Ezéchias, Joachim, Zachée, *etc.* Ch *se prononce* ke *dans* : christ, chrétien, chaldée, chaos, chirographaire, chœur, choris'e, écho, eucharistie, lichen, Melchior, Melchisédec, technique, Zurich, scholaire, Scholastique. Ph *a le son* f : Alphonse, alphabeth, lectographie, zéphir, hydrophobie, *etc.* Rh *a le son* re : Rhône, arrhes, rhétorique, rhabiller, *le* Rhin, rhume, *etc.* Th *a le son* te : thème, théorie, apothicaire, gothique, gothie, *etc.*

L. *Cette consonne ne se prononce pas dans* : Baril, chenil, coutil, fournil, fusil, gril, outil, persil, sourcil, soul, *le* fils. *Elle est dite mouillée dans les sons* : ail, eil, ouil, euil, œil, ueil ; *ces deux derniers se prononcent comme* euil. Bail, caille, volaille, camail, paille, taille, vaille, *etc.* Soleil, sommeil, pareil, bouteille, seil, veille, *etc.* Bouilli, douille, fouille, houille, mouille, nouille, patrouille, rouille, souille, *etc.* Deuil, feuille, seuil, veuille, Luxeuil, *l'*œil, cueille, orgueil, recueil, etc. *Elle a le même son après* i, *dans* : avril, babil, péril, fenil, fille, famille, brille, filleul, cotillon, *etc.*

M. *Cette lettre ne se prononce pas dans* : damner, automne, Adam, Absalom. *Mais on la prononce dans* : Sem, Cham, Abraham Jérusalem, Stockolm ; Postdam, Amsterdam, Rotterdam, Wirtemberg, Ammon, Emmanuel, commuer, amnistie, hymne, Sélim, Ephraïm, *etc.*

N *se prononce dans* : amen, abdomen, éden, hymen, spécimen, *le* Tarn, annales, annuler, inné, innové, Linnée, Porsenna, Apennins. *Cette lettre se prononce encore à la fin d'un mot suivi d'une voyelle initiale, lorsque les deux mots ont des rapports entre eux* : mon bon ange, certain auteur, on arrive, vous êtes bien obligeant, aller en Italie, *etc. Mais elle ne sonne pas dans* : bon à rien, donnez-m'en un peu, arrive-t-on aujourd'hui, *etc.*

O *ne se prononce pas dans* : Laon, faon, paon ; *on prononce* : Lan, fan, pan. *Une consonne finale ne sonne pas avant* : oui, onze. Dire le grand oui, vers les onze heures.

P *ne se prononce pas dans* : Baptiste, baptême, cheptel, dompter, prompt, sept, exempt, compte, camp, champ, drap, sirop, loup, corps, temps, *etc. Avant une voyelle, il sonne dans* beaucoup, trop : il a beaucoup étudié, il est trop entêté.

Q *ne se prononce pas dans* cinq, *suivi d'une consonne initiale* : cinq francs vingt-cinq centimes. Qu *sonne comme* cou *dans* : aquatique, équateur, équation, quadragénaire, quadrupède, quaterne, quadruple, in-quarto. *On fait sonner l'u dans* : équestre, questure, équilatéral, quintuple, équitation, à quia, Quinte-curce, Quintilien, quiétude, quinquagésime.

200, 205, 210, 216, 220, 221, 225, 230, 232, 237, 243, 247, 254, 260, 267.

Typogr. de Numa Rolin, à Bar.   par GUILLET, Instr.   Déposé.

LECTOGRAPHIE.

Remarques sur les Lettres, d'après les Auteurs les plus connus.

R *se prononce dans* cher, fer, mer, fier, cancer, hiver, pater, magister, frater, éther, amer, Esther, magister, Jupiter, Statouder, le Niger, Munster, *que l'on prononce* Monster. *Cette lettre ne ne se prononce pas à la fin des verbes :* aimer, chanter, appeler, *etc.*, *qu'avant une voyelle initiale* aimer à jouer, folâtrer et rire, plaisanter honnêtement. *Cette consonne redoublée ne se prononce qu'une fois dans :* parrain, carrosse, charron, marri, je pourrai, *etc. Mais elle sonne à chaque syllabe dans :* erré, erreur, interrègne, irrité, je mourrai, j'acquerrai, je courrai, *etc.*

S *ne se prononce pas dans :* trépas, tandis que, remords, divers, avis, os, alors, *etc. Mais cette lettre sonne dans :* anus, aloès, as, atlas, maïs, mœurs, laps, en sus, locatis, vasistas, vis, chorus, gratis, oremus, crésus, sinus, Delos, Rubens, *etc. On dit que s a le son de z,* *1° entre deux voyelles :* maison, prison, toison, poison, toison, poésie, phrase, fraise, *etc. On en excepte :* désuétude, monosyllabe, polysyllabe, parasol, préséance, présupposer, vraisemblance ; *2° Dans les mots :* transiger, transaction, transition, transit, transitif, Alsace, Alsacien, balsamique. *On excepte :* transir, transissement, Transylvanie ; *3° à la fin des mots, mais avant une voyelle initiale ou h muet :* les bonnes œuvres, mes propres intérêts, les grandes actions, les grands hommes, *etc.*

T, t. *Cette consonne ne se prononce, à la fin des mots, qu'avant une voyelle initiale :* ils sont instruits, tout à vous, avant-hier, sept hommes, huit abricots, *etc. Elle ne sonne pas, même avant une voyelle, dans :* respect, aspect, circonspect, instinct ; *c'est le c que l'on fait entendre :* respect humain, aspect agréable, instinct étonnant, *etc. Quelques auteurs sont d'avis que t ne sonne pas après r, même avant une voyelle initiale :* une mort horrible, un tort incroyable. *On le prononce dans :* abject, accessit, brut, chut, contact, correct, dot, direct, déficit, exact, fat, infect, net, rapt, subit, suspect, strict, tact, toast, transit, sept, est, zest, huit, Christ. Ti *sonne comme* si, *dans :* abbatial, captieux, différentiel, martial, partial, partiel, essentiel, patience, portion, *etc.* Gratien, Dioclétien, Vénitien, Egyptien, ineptie, inertie, minutie, prophétie, satiété, insatiable, démocratie, aristocratie, autocratie, *et dans les verbes :* initier, balbutier, patienter. T *conserve sa prononciation naturelle,* 1° *au commencement des mots :* tiare, tiède, tiers, tien ; 2° *dans les noms :* amitié, moitié, pitié, entier, *etc.*, partie, dynastie, hostie, eucharistie, soutien, *etc.;* 3° *après* s, x : bastion, mixtion, bestial, gestion, question ; 4° *dans les verbes :* je tiens, j'appartiens, nous portions, nous intentions, vous mettiez, vous jetiez, *etc.*

W *sonne comme* ou, *dans* Whist, Wiski, Newton *se prononce* Neuton.

X *se prononce comme* ss, *dans :* Bruxelles, Auxonne, Auxerre, Auxerrois, soixante, Aix, dix, six ; — *comme* z *dans :* dixain, sixain, deuxième, sixième ; *à la fin d'un mot, mais avant une voyelle initiale ou un adjectif numéral, cette lettre a le même son :* deux ans, six hommes, dix-sept, dix-huit, dix-neuf.

Y, *placé entre deux voyelles, a le son de deux* ii : abbaye, essayé, payé, octroyé, *etc.* Pays *se prononce* paiis.

Z *se prononce à la fin des mots :* Metz, Rhodez, Suez, Alvarez, Cortez, gaz, *etc.*

LECTURE DU LATIN.

Dans la lecture du latin, on prononce toutes les consonnes : ab hac et ab hoc, abstulit, obtinet, ad, sed, apud, illud, simul, mariam, patrem, pater noster, matris, vox, sex.

An, am, im, in, on, om, un, ont le même son que dans le français : angelus, ambulando, ambiguus, infinitus, ingrediens, simplice, confiteor, tunc, nunc, cunctus, defunctus. *Avant* n *ou* n, *et à la fin des mots, ces deux lettres se prononcent :* damno, annus, grammatica, omnis, sommus, innocens, immobilis, forsitan, aquam, statim, eleison.

Em, en, sonnent comme in : potens, tempore, videntur.

E, œ, *se prononcent comme* é *à la fin d'une syllabe :* patre, tenuit, legere, cœlo, sanctæ ; — e *se prononce comme* è *avant une consonne finale :* es, patres, parter, licet, donec, amen.

Un, um, sonnent comme on : undè, dicunt, sunt, puncto, umbra, *et* m *se prononce à la fin des mots :* sum, Deum nostrum Jesum Christum filium tuum.

U, *précédé de* q, *ne se prononce pas avant* o : quò, quod, quos, quomodo. *Il se fait entendre avant* e, i : qui, que, quisque, utroque, quilibet, reliquit. *Il se prononce également après* g *dans :* extingui, extinguere, arguo, arguas, exiguo, exigua, ambiguo, ambiguam, contiguo, contiguam. *Il sonne comme* ou *dans :* qua, quàm, quas, lingua, linguas, extinguam.

Ch, *sonne comme* k : Michaelis, Archangelus, Christus, pulcher, charitas.

G *a le son* gue : agnus, regnavit, magnificat, dignitas, magnum.

Ti, *non précédé de* S, *sonne comme* si *avant une voyelle :* gratia, toties, oratio, actionem.

Les accents ne changent rien à la prononciation : fortè, cùm, undè, pretereà.

Typogr. de Numa Rolin, à Bar.   par Guillet, Instr.   Déposé.

Lectographie.

Orthographe.

L'Orthographe est l'art d'écrire les mots suivant l'usage approuvé.

On distingue dix espèces de mots, que l'on appelle les parties du discours:
le Nom, l'Article, l'Adjectif, le Pronom, le Verbe, le Participe, l'Adverbe, la Préposition, la Conjonction et l'Interjection.

Le Nom est une espèce de mots que l'on emploie pour nommer les personnes, les animaux ou les choses.

Les noms d'hommes ou d'animaux mâles sont du genre masculin, comme un homme, mon père, votre frère, le lion, les noms de femmes ou d'animaux femelles sont du genre féminin; comme la femme, sa mère, ta sœur, une brebis.

On a donné aussi le genre masculin ou le genre féminin aux noms des choses inanimées, comme un arbre, une fleur, un banc, une table, le soleil, la lune.

On connait qu'un nom est du genre masculin, quand on peut placer avant ce nom, le mot le, ou le mot un: le fruit, un tableau; il est du genre féminin, quand on peut y mettre le mot la ou le mot une: la cloche, une fenêtre, une pomme.

Un nom est au nombre singulier, quant on ne parle que d'un seul individu: un élève, ce crayon, une plume; il est au nombre pluriel, quand on parle de plusieurs: les élèves, deux crayons, des plumes.

Règle. Pour écrire un nom au pluriel, on y ajoute ordinairement la lettre S, ou la lettre X: le père, la mère, le roi, un jeu, un couteau, s'écrivent au pluriel: les pères, les mères, les rois, des jeux, des couteaux.

Remarques. 1° Les noms terminés au singulier par au ou par eu reçoivent la lettre X au pluriel: le feu, un neveu, le château, un bureau, un noyau, font au pluriel: les feux, des neveux, les châteaux, des bureaux, des noyaux.
2° Les noms: hibou, caillou, chou, genou, bijou, joujou, pou, reçoivent aussi la lettre X au pluriel: des hiboux, des cailloux, les choux, les genoux, des bijoux, des joujoux, &c.
3° La plupart des noms terminés au singulier par al se terminent au pluriel par aux: un mal, un cheval, un local, un général, le tribunal, un journal, le maréchal, un bocal, font: des maux, des chevaux, des locaux, des généraux, les tribunaux, des journaux, les maréchaux, des bocaux. Aïeul, ciel, œil, font au pluriel: Aïeux, cieux, yeux.

L'Article est une espèce de mots que l'on emploie avant les noms, et qui en fait connaître le genre et le nombre: le banc, la plume, les cahiers, les places.

On appelle articles composés: du, qui signifie: de le; des, qui signifie: de les; au qui signifie: à le; aux, pour à les. Exemples: suivre les conseils du maître, c'est le devoir des élèves. Obéissez au Roi et aux lois.

Remarque. Avant un nom au nombre singulier, commençant par une voyelle ou la lettre h non aspiré; on remplace par l'apostrophe 'la voyelle e, du mot le, ou a du mot la et on écrit: l'oiseau, l'ardeur, l'homme, l'histoire.

Lith. Morvan Hubert, à Dol.

par Guillet, Inst.r

Lectographie.

Adjectif.

L'Adjectif est une espèce de mots que l'on emploie pour exprimer les qualités, ou les manières d'être, des personnes, des animaux ou des choses dont on parle. Exemples: un maître zélé, un élève studieux, mon père est vieux, ton frère est instruit, cette maison vaut dix mille francs, chaque pays a ses usages.

Tout adjectif est toujours du même genre et au même nombre que le nom ou le pronom auquel il se rapporte; il est au pluriel s'il se rapporte à plusieurs.

1ʳᵉ Règle. Quand un adjectif masculin ne se termine pas par un e muet, on y ajoute l'e muet pour l'écrire au féminin. On écrit au masculin: un petit homme, un grand bâtiment, et au féminin: une petite femme, une grande maison.

Remarques. 1.º Les adjectifs terminés au masculin par c, se terminent au féminin par che, ou que. Blanc, franc, sec, public, caduc, turc, grec, font au féminin: blanche, franche, sèche, publique, caduque, turque, grecque. Frais fait au féminin: fraiche.

2.º Les adjectifs terminés par f, se terminent au féminin par ve: bref, naïf, vif, actif, neuf, veuf, font au féminin: brève, naïve, vive, active, neuve, veuve. Long fait longue.

3.º Les adjectifs terminés par el, eil, ien, on, as, et, doublent au féminin leur dernière consonne avant l'e muet: Cruel, pareil, chrétien, bon, gras, muet, font au féminin: cruelle, pareille, chrétienne, bonne, grasse, muette. — Nul, gentil, sot, gros, épais, font aussi: nulle, gentille, sotte, grosse, épaisse. — Complet, concret, discret, inquiet, font au féminin: complète, concrète, discrète, inquiète. — Malin, bénin, font: maligne, bénigne.

4.º Les adjectifs: fou, mou, vieux, beau, nouveau, font au féminin: folle, molle, vieille, nouvelle, parce qu'au masculin on dit: fol, mol, vieil, bel, nouvel, avant les noms qui commencent par une voyelle ou h muet: fol espoir, mol abandon, vieil homme, bel enfant, nouvel ouvrage.

5.º Les adjectifs terminés par x changent x en s avant l'e muet: heureux, honteux, jaloux, etc. font: heureuse, honteuse, jalouse. — Faux, doux, roux, font: fausse, douce, rousse.

6.º Les adjectifs en eur, formés de radicaux de verbes, ont leur féminin en euse: menteur, coureur, etc. font: menteuse, coureuse. — Instituteur, directeur, font: Institutrice, directrice, &.º

2.º Règle. Le pluriel dans les adjectifs se forme comme dans les noms par s ou x: le bon élève, le maître zélé, font au pluriel: les bons élèves, les maîtres zélés. Beau, nouveau, jumeau, font: beaux, nouveaux, jumeaux.

Remarques. La plupart des adjectifs terminés par al, ont leur pluriel en aux: égal, original, libéral, végétal, etc. font au pluriel: égaux, originaux, libéraux, végétaux.

On appelle adjectifs déterminatifs, ceux que l'on ajoute aux noms pour en déterminer la signification. Tels sont: les adjectifs possessifs: mon, ton, son, ma, ta, sa, notre, votre, leur; mes, tes, ses, nos, vos, leurs; les adjectifs démonstratifs: ce, cet, cette, ces; les adjectifs numéraux: un, deux, trois, dix, cent, mille, etc., premier, second, troisième, dixième, etc.; les adjectifs indéfinis: chaque, nul, aucun, tout, quelque, plusieurs.

Remarque. Les adjectifs vingt & cent, précédés d'un nombre et suivis d'un nom, prennent la marque du pluriel: quatre-vingts francs, deux cents hommes.

par Guillet, Inst.ʳ

Lectographie.

Pronom.

Le Pronom est une espèce de mots que l'on emploie à la place du nom, pour en rappeler l'idée, et en éviter la répétition.

On appelle pronoms personnels ceux qui servent à désigner la première personne ou celle qui parle, la deuxième personne ou celle à qui l'on parle, et la troisième personne ou celle de qui l'on parle.

Les pronoms de la première personne, pour les deux genres, sont: je, me, moi, au nombre singulier; nous, au pluriel. Exemples: je me prosterne, suis-moi, nous prions.

Les pronoms de la deuxième personne, pour les deux genres, sont: tu, te, toi, au nombre singulier; vous au pluriel. Exemples: tu te corriges, rends-toi, accordez-vous.

Les pronoms de la troisième personne, sont: il, le, pour le masculin singulier; elle, la pour le féminin singulier; lui, pour les deux genres, au singulier; ils, eux, pour le masculin pluriel; elles, pour le féminin pluriel; se, soi, les, leur, en, y, pour les deux genres, au pluriel. Exemples: il se soumet, je le lui pardonne; elle écrit, je la vois; prions pour eux, chacun chez soi; je leur parle; vous en aurez, n'y touchez pas.

On appelle Pronoms relatifs ceux qui se rapportent à des noms ou des pronoms qui précèdent, et que l'on appelle antécédents. Ces pronoms sont: qui, que, quoi, où, dont, pour les deux genres et les deux nombres; lequel, laquelle, lesquels, lesquelles, selon le genre et le nombre de l'antécédent. Exemples: Dieu qui est juste, récompense les bonnes œuvres; l'école que je dirige, est très-nombreuse, etc.

On appelle pronoms possessifs ceux par lesquels on indique à quelle personne appartiennent les objets dont on parle. Ce sont; pour le masculin singulier: le mien, le tien, le sien, le nôtre, le vôtre, le leur; pour le féminin singulier: la mienne, la tienne, la sienne, la nôtre, la vôtre, la leur;

Pour le masculin pluriel: les miens, les tiens, les siens, les nôtres, les vôtres, les leurs;

Pour le féminin pluriel: les miennes, les tiennes, les siennes, les nôtres, les vôtres, les leurs.

Les pronoms démonstratifs servent à montrer les objets. Ce sont: pour le singulier: ce, celui, celui-ci, celui-là, au masculin; celle, celle-ci, celle-là, au féminin; ceci, cela, aux deux genres;

Pour le pluriel: ceux, ceux-ci, ceux-là, au masculin; celles, celles-ci, celles-là, au féminin.

On appelle pronoms indéfinis ceux qui servent à représenter les personnes ou les choses que l'on ne veut pas, ou que l'on ne peut pas nommer.

Ces pronoms sont: on, quelqu'un, quiconque, chacun, autrui, personne, rien; Exemples: on frappe; quelqu'un appelle; quiconque perd son temps, s'en repentira; chacun pense à soi, on doit respecter le bien d'autrui; personne n'est content de son sort; rien n'est plus vil que le mensonge.

par Guillet, Inst.

Lectographie.

Du Verbe.

Le Verbe est une espèce de mots que l'on emploie pour exprimer l'état ou l'action d'un sujet. Exemples: cet élève est obéissant; il travaille.

Le sujet est la personne ou la chose à laquelle on attribue l'état ou l'action.

Le verbe **être** s'emploie pour exprimer l'état, la qualité ou la manière d'être que détermine l'adjectif, appelé attributif.

On appelle **modes**, différentes manières d'exprimer un état ou une action.

Un verbe est au mode **indicatif** quand on indique, d'une manière certaine, l'état ou l'action d'un sujet. Exemples: je suis jeune, je travaillerai.

Il est au mode **conditionnel**, lorsque l'état ou l'action dépend d'une condition. Exemples: les élèves s'instruiraient, s'ils étaient plus soumis.

Le verbe est au mode **impératif**, quand on commande ou que l'on prie: parle, prions, obéissez.

Il est au mode **subjonctif**, quand on exprime un état ou une action d'une manière douteuse ou incertaine: c'est le verbe d'une proposition qui en complète une autre. Exemples: je désire que vous réussissiez; nous voulons que vous soyez instruits.

Un verbe au mode **infinitif** désigne l'état ou l'action sans sujet déterminé. Exemples: il faut travailler pour vivre. Adorer Dieu, c'est notre premier devoir.

Des Temps. On appelle **temps** dans les verbes, l'époque passée, présente ou future, à laquelle on rapporte l'état ou l'action qu'exprime le verbe. Il y a trois temps principaux: le Présent, le Passé, le Futur : je lis, j'ai lu, je lirai.

Le **présent** est le moment même de la parole: je travaille, tu chantes, nous prions.

Le **passé** précède le présent; c'est la partie écoulée de la vie: je parlais, tu écrivis, il a joué, nous eûmes vu, vous étiez arrivés, ils avaient fini, &c.

Le **futur** est le temps qui n'est pas arrivé: je jouerai dimanche, j'aurai dîné à midi.

On divise le passé en: Passé imparfait, Passé défini, Passé indéfini, Passé antérieur, Passé-plus que parfait.

Le verbe est à l'**imparfait** quand il exprime une action imparfaite à une époque passée: je dînais à midi; nous en parlions quand vous êtes entrés.

Il s'emploie au **passé-défini** pour un temps entièrement écoulé: je fis mes devoirs hier.

Le **passé indéfini** est un passé indéterminé, ou non entièrement écoulé: j'ai beaucoup travaillé; j'ai lu ce matin; tu as perdu ta journée, une partie de cette semaine.

Le **passé antérieur** présente l'action terminée à une époque passée: lorsque j'eus lu, je partis, aussitôt que nous eûmes fini, nous sortîmes.

Le **plusque-parfait** est un passé non seulement par rapport au présent, mais parfaitement écoulé à une époque passée; j'avais terminé avant votre arrivée.

On distingue aussi deux futurs: le futur simple et le futur composé ou antérieur.

Un verbe est au **futur simple**, quand l'action doit se faire dans un temps non encore arrivé: je viendrai demain; j'entrerai à une heure.

Il est au **futur antérieur** quand on exprime qu'une action sera faite à une époque future: j'aurai déjeuné quand vous arriverez.

par Guillt, Inst.

Lectographie.

Suite du Verbe.

Dans chaque temps on considère le nombre et la personne du Verbe.

Tout Verbe est du même nombre et de la même personne que son sujet.

Conjuguer un verbe, c'est l'employer dans tous les modes, les temps, les deux nombres et les trois personnes.

On distingue quatre conjugaisons principales, suivant les terminaisons des verbes au présent de l'infinitif.

Les Verbes de la première conjugaison sont terminés par er, comme: aimer, chanter, appeler, aller. Ceux de la deuxième, sont terminés par ir, comme: finir, sentir, ouvrir, tenir. Ceux de la troisième, par oir, comme: recevoir, pouvoir. Ceux de la quatrième, sont terminés par re, comme: rendre, plaire, lire, mettre.

On appelle radical d'un verbe, la partie qui reste lorsqu'on en a retranché les lettres er, ir, oir, re, qui le terminent au présent de l'infinitif. Le radical du verbe chanter est: chant; celui du verbe finir est: fin; celui du verbe pouvoir est: pouv, et celui du verbe rendre est: rend, etc.

On appelle finale d'un verbe, la partie que l'on ajoute au radical pour conjuguer ce verbe. La finale varie dans tous les temps et les personnes.

On appelle verbes réguliers ceux dont le radical est invariable, et la finale semblable à celle d'autres verbes de la même conjugaison.

Les verbes sont irréguliers dans le cas contraire.

On distingue des temps simples et des temps composés.

Les temps simples sont ceux qui n'ont qu'un seul mot, comme: je chante, tu finis, il recevait, nous perdîmes, vous plûtes, ils liront, etc.

Les temps composés se forment d'un participe passé, et du verbe être ou du verbe avoir, que l'on nomme pour cette raison: verbes auxiliaires. Exemples: j'ai aimé, tu eus reçu, il avait bu, nous aurons vécu, vous auriez lu, ils se sont trompés, etc.

Parmi les temps simples on distingue des temps primitifs et des temps dérivés. Les primitifs sont: le Présent de l'infinitif, le Participe présent, le Participe passé, le Présent de l'indicatif et le Passé défini. Ces temps servent à former les temps dérivés. Un temps dérivé se forme en appliquant au radical d'un temps primitif, la finale propre à chaque personne du temps que l'on veut obtenir.

Des finales. — Le présent de l'indicatif se termine généralement par e, es, e, ons, ez, ent: je chante, tu chantes, il chante, nous chantons, vous chantez, les oiseaux chantent. J'ouvre, tu ouvres, il ouvre, nous ouvrons, vous ouvrez, ils ouvrent; par is, is, it, issons, issez, issent: je finis, tu finis, il finit, nous finissons, vous finissez, ils finissent; par s, s, x ou d: je sens, tu sens, il sent, nous sentons, vous sentez, ils sentent; je reçois, tu reçois, il reçoit, nous recevons, vous recevez, ils reçoivent. Je rends, tu rends, il rend, nous rendons, vous rendez, ils rendent. J'écris, tu écris, il écrit, nous écrivons, vous écrivez, ils écrivent. Je plais, tu plais, il plaît, nous plaisons, vous plaisez, ils plaisent.

Lectographie.

Suite du Verbe.

L'imparfait de l'indicatif se termine généralement par ais, ais, ait, ions, iez, aient: je chantais, tu chantais, il chantait, nous chantions, vous chantiez, ils chantaient; je priais, tu priais, il priait, nous priions vous priiez, ils priaient; je finissais, tu finissais, il finissait, nous finissions, vous finissiez, ils finissaient; je recevais, tu recevais, il recevait, nous recevions, vous receviez, ils recevaient; je rendais, tu rendais, il rendait, nous rendions, vous rendiez, ils rendaient.

Le passé défini se termine par ai, as, a, âmes, âtes, èrent: je chantai, tu chantas, il chanta, nous chantâmes, vous chantâtes, ils chantèrent; je priai, tu prias, il pria, nous priâmes, vous priâtes, ils prièrent.

Le passé défini se termine aussi par is, is, it, îmes, îtes, irent: je finis, tu finis, il finit, nous finîmes, vous finîtes, ils finirent; par ins, ins, int, înmes, întes, inrent: je vins, tu vins, il vint, nous vînmes, vous vîntes, ils vinrent; par us, us ut, ûmes, ûtes, urent: je reçus, tu reçus, il reçut, nous reçûmes, vous reçûtes, ils reçurent.

Le futur se termine par rai, ras, ra, rons, rez, ront: je chanterai, tu chanteras, il chantera, nous chanterons, vous chanterez, ils chanteront; je cueillerai, tu cueilleras, il cueillera, etc., je rendrai, tu rendras, il rendra, etc.

Le présent du conditionnel se termine par rais, rais, rait, rions, riez, raient: je chanterais; je cueillerais; je vendrais; etc.

L'impératif se termine ordinairement par e ou par s par ons, ez: chante, aime, sens, cueille, reçois, rends, chantons, finissez, sentons, cueillons, recevons, sentez, cueillez, recevez, rendez, etc.

Le présent du subjonctif se termine par e, es, e, ions, iez, ent: il faut que je chante; que tu finisses, que tu sentes, qu'il reçoive, que nous rendions, que vous chantiez, qu'il cueille, etc.

L'imparfait du subjonctif se termine ordinairement par asse, asses, ât, assions, assiez, assent: vous auriez voulu que je chantasse, que tu chantasses, qu'il mangeât, que nous parlassions, que vous parlassiez, qu'ils appelassent, etc.

L'imparfait du subjonctif se termine aussi par insse, insses, înt, inssions, inssiez, inssent: que je vinsse, que tu vinsses, qu'il parvînt, que nous devinssions, que vous prévinssiez, qu'ils survinssent; par usse, usses, ût, ussions, ussiez, ussent: que je reçusse, que tu pourvusses, qu'il dût, que nous lussions, que vous lussiez, qu'ils reçussent.

Le participe passé se termine généralement par é: chanté, payé, allé, etc; par i: fini, senti, cueilli, tressailli, etc; par u: paru, pourvu, pu, tenu, reçu, cru, plu, vu, etc; par is: acquis, assis, pris, mis, etc; par t: ouvert, mort, fait, plaint, etc; au féminin le participe passé reçoit un e muet, et au pluriel il reçoit un s.

Orthographie.

Suite du Verbe.

Des temps dérivés. — Les temps dérivés sont ceux qui sont formés des temps primitifs.

L'impératif est formé du présent de l'indicatif en retranchant les pronoms qui servent de sujet. — L'imparfait de l'indicatif est formé du participe présent en changeant ant en ais, chantant: je chantais, etc. — Le futur est formé du présent de l'infinitif en changeant r, re ou oir en rai: chanter; je chanterai, etc; et le conditionnel présent en changeant r, re ou oir en rais: chanter; je chanterais, etc. — Le présent du subjonctif est formé du participe présent en changeant ant en e muet, chantant, que je chante.

L'imparfait du subjonctif se forme du passé défini en ajoutant se à la seconde personne singulière du passé défini: je chantai, tu chantas, que je chantasse. — Les temps composés des verbes se forment au moyen de l'auxiliaire avoir ou être et du participe passé.

Les verbes terminés à l'infinitif en ger comme manger, le g doit être suivi de e muet devant a, o: nous nageâmes, nous mangeons. — Les verbes en cer, comme menacer, on doit mettre une cédille sous le c devant a, o, u, pour la douceur de la prononciation: je lançais, nous traçons, j'ai reçu. — La lettre e devient un e ouvert, lorsqu'il est suivi d'une syllabe muette: je répète. — Les verbes en eler et eter doublent la lettre l et t devant un e muet; j'appelle, je jette. — Les verbes dont le radical se termine par y prennent un i au lieu de l'y avant un e muet: j'envoie. — Le verbe haïr, excepté aux trois personnes singulières du présent de l'indicatif, et à la première de l'impératif, prend deux points sur l'i dans toute sa conjugaison.

Du complément direct du verbe. — On appelle complément d'un verbe, l'expression que l'on ajoute au verbe pour en compléter la signification. — Le verbe être est ordinairement complété par un adjectif; les autres verbes le sont par des noms ou des pronoms. — On distingue deux sortes de compléments de verbes, le complément direct et le complément indirect.

Le complément direct est celui qui complète directement l'idée exprimée par le verbe; il répond à la question: qui ou quoi faite après le verbe. Exemple: je lui écris une lettre. Une lettre est le complément direct du verbe. Je pars pour Paris. Paris est le complément indirect de pars.

Du participe passé. — Dans les temps composés des verbes, le participe passé s'accorde, comme un adjectif, en genre et en nombre avec le nom ou pronom auquel il se rapporte, pour exprimer l'état du sujet ou du complément. — Employé avec le verbe être, le participe passé s'accorde avec son sujet. Exemple: les bons élèves sont récompensés. Conjugué avec avoir le participe passé s'accorde avec son complément direct, quand ce complément le précède autrement il est invariable. Exemple: l'histoire que nous avons lue nous a beaucoup amusés; et sans accord, nous avons lu une histoire qui a beaucoup amusé les élèves. Un mot terminé par ant est participe présent ou adjectif. — Le participe présent est invariable; et l'adjectif s'accorde en genre et en nombre avec le nom ou le pronom auquel il se rapporte: Exemples: les soldats français terrassant leurs ennemis. Les effets du tonnerre sont surprenants.

par J. Veillet, Inst.r   Dijon.

Lactographie.

De la Préposition.

La Préposition sert à joindre les mots qui ont des rapports entre eux; c'est-à-dire, certains compléments aux mots qu'ils complètent. Exemple: la salle de l'école de la halle est longue. Je vais à Paris.

Les prépositions entrent dans la composition des compléments indirects.

Les prépositions les plus usitées sont:

à, après, attendu, avant, avec, chez, contre, dans, de, depuis, dès, devant, durant, en, entre, envers, hormis, hors, malgré, moyennant, nonobstant, outre, par, parmi, pendant, pour, sans, sauf, selon, sous, suivant, sur, touchant, vers, vis-à-vis.

De l'Adverbe.

L'Adverbe est un mot que l'on ajoute au verbe ou à l'adjectif ou à un autre adverbe pour en déterminer la signification. Exemple: l'enfant doit écouter beaucoup et parler peu. Le coupable est nécessairement malheureux.

Les adverbes les plus usités sont:

ailleurs, alentour, alors, assez, aujourd'hui, auparavant, auprès, aussi, aussitôt, autant, autrefois, autrement, beaucoup, bien, bientôt, combien, davantage, dedans, dehors, déjà, demain, désormais, dessous, dessus, ensemble, ensuite, guère, ici, jadis, jamais, là, loin, maintenant, même, mieux, moins, ne, où, partout, pas, peu, plus, plutôt, presque, souvent.

De la Conjonction.

La Conjonction est un mot invariable qui sert à joindre un membre de phrase à un autre. Exemple: vous serez récompensés si vous êtes sages. Il est permis de jouer, mais il faut aussi étudier.

Liste des Conjonctions les plus usitées:

ainsi, car, cependant, comme, donc, enfin, et, lorsque, mais, néanmoins, ni, autant, quand, quoique, si, sinon, ou.

On appelle locutions conjonctives un assemblage de mots qui remplacent les conjonctions; telles sont: du reste, au surplus, par conséquent, ainsi que, tandis que, moins que, jusqu'à ce que, etc.

De l'Interjection.

L'Interjection est un mot invariable qui sert à exprimer les affections vives et subites de l'âme.

Les principales interjections sont:

ha! pour marquer la surprise. Exemple: ha! vous voilà, ah! aïe! hélas! pour marquer la douleur. Exemple: ah! que cela me fait mal; oh! ah! pour marquer l'admiration. Exemple: oh! que me dites-vous là! fi! pour marquer l'aversion. Exemple: fi! le vilain! paix! chut! pour imposer silence. holà! pour appeler; hé bien! pour interroger.

--- Fin. ---

Lith. Thene Robin à Bar   par Guillet, Inst.ᵉ   Déposé.